Carlo Acutis

Elam de Almeida Pimentel

Carlo Acutis
Padroeiro da Internet

Novena e ladainha

EDITORA
VOZES

Petrópolis

© 2023, Editora Vozes Ltda.
Rua Frei Luís, 100
25689-900 Petrópolis, RJ
www.vozes.com.br
Brasil

1ª edição, 2023.
1ª reimpressão, 2024.

Todos os direitos reservados. Nenhuma parte desta obra poderá ser reproduzida ou transmitida por qualquer forma e/ou quaisquer meios (eletrônico ou mecânico, incluindo fotocópia e gravação) ou arquivada em qualquer sistema ou banco de dados sem permissão escrita da editora.

CONSELHO EDITORIAL	**PRODUÇÃO EDITORIAL**
Diretor Volney J. Berkenbrock	Aline L.R. de Barros Marcelo Telles Mirela de Oliveira Natália França Otaviano M. Cunha Priscilla A.F. Alves Rafael de Oliveira Samuel Rezende Vanessa Luz Verônica M. Guedes
Editores Aline dos Santos Carneiro Edrian Josué Pasini Marilac Loraine Oleniki Welder Lancieri Marchini	
Conselheiros Elói Dionísio Piva Francisco Morás Gilberto Gonçalves Garcia Ludovico Garmus Teobaldo Heidemann	
Secretário executivo Leonardo A.R.T. dos Santos	

Editoração: Maria da Conceição B. de Sousa
Diagramação: Sheilandre Desenv. Gráfico
Revisão gráfica: Alessandra Karl
Capa: WM design
Ilustração de capa: Studio Graph-it

ISBN 978-85-326-6541-6

Este livro foi composto e impresso pela Editora Vozes Ltda.

Sumário

1 Apresentação, 7
2 Histórico da vida de Carlo Acutis, 9
3 Novena de Carlo Acutis, 13
   1º dia, 13
   2º dia, 14
   3º dia, 15
   4º dia, 16
   5º dia, 18
   6º dia, 19
   7º dia, 20
   8º dia, 21
   9º dia, 23
4 Orações a Carlo Acutis, 25
5 Ladainha de Carlo Acutis, 29

Apresentação

Carlo Acutis foi um adolescente que morreu de leucemia em 2006, aos 15 anos de idade. Foi beatificado em 10 de outubro de 2020 pelo Cardeal Agostino Vallini.

Está sendo reconhecido como: *Apóstolo da Internet*, *Ciberapóstolo* e *Padroeiro da Internet*. Carlo Acutis foi um jovem que anunciou o evangelho, a devoção a Nossa Senhora e a presença de Deus na Eucaristia, usando as mídias digitais para evangelizar. Para a sua idade, tinha conhecimento de computação acima da média.

Este livrinho contém o histórico da vida, a novena, orações e a ladainha a Carlo Acutis. Também apresenta passagens bíblicas, seguidas de oração, com o pedido de graça especial.

2
Histórico da vida de Carlo Acutis

Carlo Acutis nasceu em Londres e foi criado em Milão. Seus pais, Antonia Acutis e André Acutis, são de Milão e trabalharam por um período em Londres, quando nasceu Carlo, em 1991. Retornaram para Milão, e Carlo, ainda criança, tornou-se devoto de Nossa Senhora, guardando uma devoção especial por Nossa Senhora de Lourdes e por Nossa Senhora de Fátima.

Ele fez sua Primeira Comunhão aos 7 anos de idade, passando a comungar com regularidade, permanecendo diante do sacrário antes ou depois da missa. Ele tinha muita veneração por São Francisco de Assis, assim como por São Francisco Marto e Santa Jacinta Marto, que, na época, eram beatos. Também era devoto de São Luís

Gonzaga, São Tarcísio e Santa Bernadette Soubirous.

Carlo Acutis defendia os direitos das pessoas com deficiência, protegendo na escola os colegas nessa condição. Ele amava viajar, chegando a pedir a seus pais que o levassem em peregrinação aos locais onde ocorriam, na época, milagres relacionados à Eucaristia. Gostava muito de computação, lia livros de engenharia da computação e criou um site para a catalogação de cada milagre relatado até então. Pretendia seguir o exemplo do Beato Tiago Alberione: usar a mídia para proclamar o evangelho. Também gostava de filmes.

Ao ser diagnosticado com leucemia, poucos meses após completar 15 anos, ofereceu todo o sofrimento que viria a enfrentar ao Papa Bento XVI e à Igreja Católica Romana. Relatos citam que Carlo Acutis, ao ser perguntado por seu médico se sentia dor, respondeu: "Há pessoas que sofrem mais do que eu".

Desde os primeiros sintomas da doença até sua morte passaram-se apenas dez dias, segundo relatos. Morreu em 12 de outubro (dia de Nossa Senhora Aparecida) de 2006. Seu corpo ficou exposto no Santuário do Despojamento em Assis, Itália, e recebeu a visita de muitos peregrinos. Papa Francisco o declarou venerável em 5 de julho de 2018. Foi beatificado após o reconhecimento de um milagre ocorrido em uma igreja de Campo Grande, MS, em 2013: uma criança com problemas no pâncreas foi curada após tocar em uma roupa que pertenceu a Carlo Acutis, exposta ainda hoje naquela igreja.

Antes de morrer, Carlo disse à mãe: "Não se preocupe. Eu lhe darei muitos sinais". Ela sonhou com o filho dizendo-lhe que seria mãe novamente... e quatro anos depois da morte de Carlo, ela teve gêmeos. Os pais e os irmãos de Carlo Acutis residem em Milão.

3
Novena de Carlo Acutis

1º dia

Iniciemos com fé este primeiro dia de nossa novena, invocando a presença da Santíssima Trindade: em nome do Pai e do Filho e do Espírito Santo. Amém.

Leitura bíblica: 1Cor 13,13
> No presente permanecem estas três coisas: fé, esperança e amor; mas a maior delas é o amor.

Reflexão

Refletindo sobre esta passagem bíblica, vemos que Jesus, ao morrer na cruz, deu a vida por amor a nós. Carlo Acutis amava muito a Jesus e também a seus semelhantes, preocupando-se com os excluídos de nossa sociedade.

Oração

Venerado Carlo Acutis, com plena confiança em vós, em vossa intercessão junto a Deus, peço-vos a graça de que tanto necessito... (fale a graça a ser alcançada).

Pai-nosso.

Ave-Maria.

Glória-ao-Pai.

Glorioso Carlo Acutis, intercedei por nós!

2º dia

Iniciemos com fé este segundo dia de nossa novena, invocando a presença da Santíssima Trindade: em nome do Pai e do Filho e do Espírito Santo. Amém.

Leitura do Evangelho: Jo 15,12-13

> Este é o meu mandamento: amai-vos uns aos outros como eu vos amei. Ninguém tem maior amor do que aquele que dá a vida por seus amigos.

Reflexão

Nesta passagem do evangelho é ressaltado que devemos amar as pessoas com palavras e com ações. É um dos mandamentos da Lei de Deus. Jesus se entregou à morte por amor a nós, e esse amor venceu a morte e nos deu a vida eterna.

Oração

Glorioso Carlo Acutis, ajudai-me a seguir este mandamento de Deus e me socorrei, alcançando-me a graça de que tanto necessito... (fale a graça a ser alcançada).

Pai-nosso.

Ave-Maria.

Glória-ao-Pai.

Glorioso Carlo Acutis, intercedei por nós!

3º dia

Iniciemos com fé este terceiro dia de nossa novena, invocando a presença da Santíssima Trindade: em nome do Pai e do Filho e do Espírito Santo. Amém.

Leitura bíblica: Is 40,31

> [...] mas os que esperam no Senhor renovam suas forças, voam nas altu-

ras como as águias, correm e não se fatigam, caminham e não se cansam.

Reflexão

A fé em Deus ajuda a superar tudo, e Carlo Acutis, ao compreender o amor de Jesus presente na hóstia consagrada, tirou o temor de seu coração.

Oração

Bendito Carlo Acutis, ajudai-me a sentir a presença de Jesus na Eucaristia. Alcançai-me a graça de que tanto necessito... (fale a graça a ser alcançada).

Pai-nosso.
Ave-Maria.
Glória-ao-Pai.
Glorioso Carlo Acutis, intercedei por nós!

4º dia

Iniciemos com fé este quarto dia de nossa novena, invocando a presença da Santíssima Trindade: em nome do Pai e do Filho e do Espírito Santo. Amém.

Leitura bíblica: Sl 37(36),24
> Se cair, não ficará por terra porque o Senhor o segura pela mão.

Reflexão

Deus é nosso socorro em qualquer situação desesperadora. Ele não nos abandona, estando sempre ao nosso lado. Assim acreditava Carlo Acutis, que, durante sua enfermidade, apoiou-se em Deus, colocando sua vida nas mãos divinas.

Oração

Querido Carlo Acutis, ajudai-me a sempre ter fé em Deus. Confiante em vós, peço-vos para serdes o medianeiro perante a misericórdia divina para que me seja concedida a graça de que tanto necessito... (fale a graça a ser alcançada).

Pai-nosso.

Ave-Maria.

Glória-ao-Pai.

Glorioso Carlo Acutis, intercedei por nós!

5º dia

Iniciemos com fé este quinto dia de nossa novena, invocando a presença da Santíssima Trindade: em nome do Pai e do Filho e do Espírito Santo. Amém.

Leitura do Evangelho: Mt 28,18-20

> Então Jesus se aproximou e lhes disse: "Toda a autoridade me foi dada no céu e na terra. Ide, pois, fazei discípulos meus todos os povos, batizando-os em nome do Pai e do Filho e do Espírito Santo, ensinando-os a observar tudo quanto vos mandei. Eis que estou convosco, todos os dias, até o fim do mundo".

Reflexão

Esse trecho do evangelho nos mostra que devemos acreditar na presença de Jesus, mesmo nos momentos ruins e de tristeza. Carlo Acutis assim o fez, propagando o evangelho por meio da mídia e buscando Deus durante sua enfermidade.

Oração

Glorioso Carlo Acutis, jovem propagador do evangelho, intercedei por mim, alcançando-me a graça de que tanto necessito... (fale a graça a ser alcançada).

Pai-nosso.
Ave-Maria.
Glória-ao-Pai.
Glorioso Carlo Acutis, intercedei por nós!

6º dia

Iniciemos com fé este sexto dia de nossa novena, invocando a presença da Santíssima Trindade: em nome do Pai e do Filho e do Espírito Santo. Amém.

Leitura do Evangelho: Mt 28,19

> Ide, pois, fazei discípulos meus todos os povos, batizando-os em nome do Pai e do Filho e do Espírito Santo, ensinando-os a observar tudo quanto vos mandei.

Reflexão

O Evangelista Mateus apresenta nesta passagem a necessidade de propagar as palavras de Jesus, e isso foi muito presente na vida de Carlo Acutis, usando a mídia como ferramenta.

Oração

Glorioso Carlo Acutis, ajudai-me a viver segundo os ensinamentos de Jesus e também a propagar sua mensagem. Alcançai-me de Deus Pai todo-poderoso a graça de que tanto necessito... (fale a graça a ser alcançada).

Pai-nosso.
Ave-Maria.
Glória-ao-Pai.
Glorioso Carlo Acutis, intercedei por nós!

7º dia

Iniciemos com fé este sétimo dia de nossa novena, invocando a presença da Santíssima Trindade: em nome do Pai e do Filho e do Espírito Santo. Amém.

Leitura do Evangelho: Jo 2,5

> Sua mãe disse aos que estavam servindo: "Fazei tudo o que Ele vos disser".

Reflexão

Esta passagem de evangelho deixa claro o que Nossa Senhora quer de nós: que escutemos Jesus e coloquemos em prática seus ensinamentos.

Oração

Bem-aventurado Carlo Acutis, ajudai-me a escutar Jesus em qualquer situação e socorrei-me na hora de aflição, concedendo-me a graça de que muito necessito... (fale a graça a ser alcançada).

Pai-nosso.

Ave-Maria.

Glória-ao-Pai.

Glorioso Carlo Acutis, intercedei por nós!

8º dia

Iniciemos com fé este oitavo dia de nossa novena, invocando a presença da Santíssima Trindade: em nome do Pai e do Filho e do Espírito Santo. Amém.

Leitura bíblica: Rm 15,7
> Por isso acolhei-vos uns aos outros, como Cristo vos acolheu, para a Glória de Deus.

Reflexão

Esta passagem bíblica nos ensina a estender a mão e a ajudar nossos semelhantes. Carlo Acutis cumpriu a lei de Deus ao proteger as pessoas com deficiência, defendendo os direitos delas.

Oração

Glorioso Carlo Acutis, protetor dos jovens, ajudai-me a seguir seu exemplo de bondade e amor a Deus e aos meus semelhantes. Intercedei junto ao Pai todo-poderoso, para que seja concedida a graça de que tanto necessito... (fale a graça a ser alcançada).

Pai-nosso.

Ave-Maria.

Glória-ao-Pai.

Glorioso Carlo Acutis, intercedei por nós!

9º dia

Iniciemos com fé este nono dia de nossa novena, invocando a presença da Santíssima Trindade: em nome do Pai e do Filho e do Espírito Santo. Amém.

Leitura bíblica: Tg 1,2-3

> Considerai, meus irmãos, ser motivo de grande alegria quando passais por diversas provações, sabendo que a prova de vossa fé produz a paciência.

Reflexão

Não podemos viver sem fé em Deus; Ele é a nossa força. Nas maiores dificuldades, tenhamos paciência e esperemos com fé. Na hora certa, Ele nos socorrerá.

Oração

Glorioso Carlo Acutis, elevai minha fé para que eu nunca esmoreça e tenha paciência para esperar por solução. A vós recorro neste momento, pedindo a graça de que tanto necessito... (fale a graça a ser alcançada).

Pai-nosso.

Ave-Maria.

Glória-ao-Pai.

Glorioso Carlo Acutis, intercedei por nós!

4
Orações a Carlo Acutis

Oração 1

Ó Pai, que nos deu o testemunho apaixonado do jovem Carlo Acutis, fazendo da Eucaristia o centro de sua vida e a força de seu espírito, e amando-vos acima de qualquer coisa, fazei com que, em breve, ele possa ser considerado um dos santos de vossa Igreja.

Confirmai minha fé, alimentai minha esperança, revigorai minha caridade, à imagem do jovem Carlo Acutis, que, ao crescer com essas virtudes, agora vive perto do Senhor.

Oração 2

(Adaptada do site de Carlo Acutis.)

Ó Deus, nosso Pai, obrigado por nos ter dado Carlo Acutis como modelo de vida para os jovens e mensagem de amor para todos. Tu o fizeste se apaixonar pelo teu Filho Jesus, fazendo da Eucaristia a sua "estrada para o céu". Tu deste Maria como uma mãe muito amada por ele e fizeste com que o Rosário se tornasse uma expressão de sua ternura. Acolhe sua oração por nós. Olha sobretudo para os pobres, a quem ele amou e ajudou.

Também conceda a mim, pela intercessão de Carlo Acutis, a graça que preciso... (faça o pedido). Faze com que a nossa alegria seja completa, conduzindo o Glorioso Carlo Acutis junto aos santos de tua Igreja, e que seu sorriso continue brilhando. Para a glória de teu nome. Amém.

Pai-nosso.
Ave-Maria.
Glória-ao-Pai.

Oração 3

Bem-aventurado Carlo Acutis, que soubeste sempre pedir a Deus o essencial, dá-me a graça de um profundo desejo do céu. Assim seja.

5 Pai-nossos;
5 Ave-Marias; e
5 Glórias-ao-Pai em honra aos 15 anos de vida de Carlo Acutis.

5
Ladainha de Carlo Acutis

Senhor, tende piedade de nós.
Jesus Cristo, tende piedade de nós.
Senhor, tende piedade de nós.

Jesus Cristo, ouvi-nos.
Jesus Cristo, atendei-nos.

Pai Celeste, que sois Deus, tende piedade de nós.
Deus Filho, redentor do mundo, tende piedade de nós.
Deus, Espírito Santo, tende piedade de nós.
Santíssima Trindade, que sois um só Deus, tende piedade de nós.

Santa Maria, Mãe de Deus, rogai por nós.

Glorioso Carlo Acutis, rogai por nós.

Glorioso Carlo Acutis, devoto de Nossa Senhora, rogai por nós.

Glorioso Carlo Acutis, acolhedor dos necessitados, rogai por nós.

Glorioso Carlo Acutis, modelo e exemplo de vida cristã, rogai por nós.

Glorioso Carlo Acutis, o anjo da juventude, rogai por nós.

Glorioso Carlo Acutis, propagador do evangelho, rogai por nós.

Glorioso Carlo Acutis, padroeiro da internet, rogai por nós.

Glorioso Carlo Acutis, padroeiro dos coroinhas, rogai por nós.

Glorioso Carlo Acutis, ciberapóstolo da Eucaristia, rogai por nós.

Glorioso Carlo Acutis, apóstolo da internet, rogai por nós.

Glorioso Carlo Acutis, que fez da Eucaristia o centro de sua vida, rogai por nós.

Glorioso Carlo Acutis, humilde e caridoso, rogai por nós.

Glorioso Carlo Acutis, protetor dos deficientes, rogai por nós.

Glorioso Carlo Acutis, que cresceu amando Jesus, rogai por nós.

Glorioso Carlo Acutis, discípulo de Jesus, rogai por nós.

Glorioso Carlo Acutis, humilde de coração, rogai por nós.

Glorioso Carlo Acutis, esperança dos doentes, rogai por nós.

Glorioso Carlo Acutis, exemplo de vida, rogai por nós.

Cordeiro de Deus, que tirais o pecado do mundo, perdoai-nos, Senhor.

Cordeiro de Deus, que tirais o pecado do mundo, ouvi-nos, Senhor.

Cordeiro de Deus, que tirais o pecado do mundo, tende piedade de nós, Senhor.

Jesus Cristo, ouvi-nos.
Jesus Cristo, atendei-nos.

Rogai por nós, Glorioso Carlo Acutis, para que sejamos dignos das promessas de Cristo.

Conecte-se conosco:

- **f** facebook.com/editoravozes
- **⊙** @editoravozes
- **𝕏** @editora_vozes
- **▶** youtube.com/editoravozes
- **☎** +55 24 2233-9033

www.vozes.com.br

Conheça nossas lojas:
www.livrariavozes.com.br

Belo Horizonte – Brasília – Campinas – Cuiabá – Curitiba
Fortaleza – Juiz de Fora – Petrópolis – Recife – São Paulo

EDITORA VOZES LTDA.
Rua Frei Luís, 100 – Centro – Cep 25689-900 – Petrópolis, RJ
Tel.: (24) 2233-9000 – E-mail: vendas@vozes.com.br